一看就懂的中華文化常識

住宅篇

李天飛　著

商務印書館

目錄

有錢人怎麼住？

皇帝怎麼住？

上古人類住哪裏？

回到原始社會

韓詩詩和韓言言來到遠古時代了！

遠古時代，既沒有高樓大廈，也沒有磚頭水泥，那麼原始人類住在哪裏呢？

當然是找山洞住啦！

最古老的原始人是不會蓋房子的，他們居住在天然的山洞裏，這就是穴（xué）居。一個山洞裏住着一個大家庭。這種洞穴非常寬闊，他們在洞裏點起篝（gōu）火，用於取暖、烤製食物。白天，他們去山上打獵，晚上就睡在篝火旁邊，這樣就能生活下去。

漸漸地，原始人學會了種莊稼、養牲口，山上的生活變得十分不方便，於是他們走出山洞，來到了地面。但原始人好像習慣了住山洞，所以一開始，他們會在地上挖一個坑洞，然後在上面立起柱子，搭上棚子。一種新的住宅模式就出現了，叫「半地穴式房屋」。今天，中國陝北的窯洞仍保留着這樣的特點，人們在黃土上挖洞，在外面修院子，這正是從古老的半地穴式房屋流傳卜來的建築習慣。

半地穴式房屋是由穴居發展來的，它的下半截還是洞穴，只是上半截蓋了個頂子。這種房子不高，但非常結實，而且十分節省材料，是中國住宅發展史上最早的地面建築之一。

半地穴式房屋

在一棵樹上建造的巢居

南方的原始人學鳥兒一樣住在樹上，在樹上搭一個窩，這叫「巢（cháo）居」。這種建築方式就叫「搆木為巢」。巢居與穴居，在中國大概是同時期存在的居住模式。因為在濕熱多雨的南方，很多部族都住在密林裏。他們就地取材，用樹枝在樹上搭巢。因為地上有猛獸，還有蛇、蟲子，住樹上就不用擔心受到攻擊了。除了能防止野獸和蛇蟲，夏天巢裏還不會積水，可以通風散熱，冬天住在巢裏也不冷。因此，巢居逐漸發展起來，成為一種獨特的建築風格。

在四棵樹上建造的巢居

我們去一千年後看看這些房子又會變成怎麼樣。

看，樹上鳥窩式的房子搬到了地上，房子被架了起來！

5

原始居民的建築技術越來越高，不想住在樹上了，就把巢居搬到地面。「干欄」這個詞源於壯族語言，「干」是「上面」的意思，「欄」是房屋的意思，「干欄」連起來就是「上面的房屋」（另外也有說法認為干欄是侗語中「房子」的意思）。干欄式房屋吸收了巢居的優點，可以說是一種高級的巢居。它和巢居一樣，人們住在高處，可以避開猛獸毒蛇、抵擋洪水。

這種房屋在原始社會非常普遍。但是隨着歷史的發展，這種比較簡單的房子也慢慢消失了。只有現在的西南地區還保留着這種建築，例如壯族、傣（dǎi）族、布依族的民居等。不僅中國有干欄式房屋，在東南亞、美洲、大洋洲和非洲的一些地區，也有干欄式房屋，不過構造都差不多。

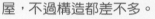

時間向後撥 1000 年

干欄式房屋

干欄式房屋大約出現在 7000 年之前，一般分為兩層。上層住人，下層養牲口或放農具。在建造時，他們先打木樁，再搭一個平台，然後在平台上用木材或竹子搭起房屋，最後搭屋頂。屋頂是人字形的，上面蓋着樹皮、茅草等。

有巢氏

據說上古人類，經歷過一個構木為巢的時代。在神話傳說中，原始巢居的發明者是遠古的一位聖人，名叫有巢氏。也有人說他是一位部落首領，被尊稱為大巢氏。有巢氏教人們在樹上建造房屋，開創了巢居文明，對中華文明及人類文明的發展產生了積極和深遠的影響。2008 年北京奧運會主場館的造型，就是一座鳥巢。2019 年，北京世界園藝博覽會的中國館，也是一座巢居建築。它們的建造理念都和有巢氏分不開。

穴居野處

上古時期的人類居住在洞裏，生活在荒野，「穴居野處」用來形容原始人類的生活狀況。這個成語出自《易·繫辭》:「上古穴居而野處，後世聖人易之以宮室，上棟下宇，以待風雨。」

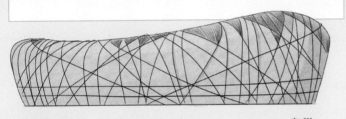

鳥巢　　　　　　　　　北京世界園藝博覽會的中國館

大事記

170 萬年前	元謀猿人生活在山洞中。
1 萬 8000 年前	舊石器時代，北京人生活在山洞中。
公元前 5550 年—公元前 4900 年	新石器時代，裴李崗文化出現半地穴式房屋。
公元前 5000 年—公元前 3000 年	新石器時代，河姆渡文化出現迄今為止最早的干欄式木構建築。
約公元前 2070 年—公元前 1600 年	夏代，二里頭都邑遺址出現地面式建築。住宅成為身份地位的象徵，並開始分化。

古人怎麼蓋房子？

木頭零件是怎麼組裝起來的？

如果我們要蓋一座房子，首先要幹甚麼呢？

首先要準備木頭。

就像拼積木一樣！

中國傳統建築中，一座房子的零件全是木頭製，有成百上千塊，但是不用膠水，也很少用鐵釘，而是用一塊塊木頭拼砌出整座建築，就好像積木一樣。積木之間需要接口，木頭零件也一樣，這是一種獨特的連接方式 —— 榫卯（sǔn mǎo）結構。

木匠會把木頭零件做出凹凸。凸出部分叫「榫」，也叫榫頭；凹進部分叫「卯」，也叫榫眼、榫槽。榫卯互相插緊，就很難拆開了。其實積木的凸起和凹槽，也是一種榫卯。在這裏，古代建築和現代玩具的智慧是相通的。

例如柱子，柱腳的榫就可以插到柱礎的洞裏。柱子挖出卯來，可以讓其他構件的榫插進去。這樣一根一根地插來插去，一間房子的骨架就搭起來了。

中國傳統建築都是像這樣搭積木一樣搭起來的，無論是民房還是宮殿都是這樣。所以那時候蓋房子特別快。

一塊塊木頭拼砌出整座建築，就好像積木一樣。

柱頭榫

柱腳榫

柱礎

欄杆榫卯

轉角柱榫卯

平身柱榫卯

我去旅遊的時候看到歐洲的古代建築主要材料是石頭，他們蓋房子也很快嗎？

歐洲的城堡、教堂、宮殿確實多用磚石，但蓋起來可就費事多了。

1407 年　紫禁城動工

紫禁城完工

聖母百花大教堂完工

1420 年　聖母百花大教堂動工

1470 年

磚石的開採要耗費很多人力，運輸時又比木頭笨重，雕刻成各種尺寸和圖案也不容易。比如意大利佛羅倫斯的聖母百花大教堂，1420 年開始動工，1470 年才最終完工，整整用了 50 年。

而同時期，明朝皇帝正在修建紫禁城，也就是今天的故宮。它的規模比教堂可大多了。但是從 1407 年開始建造，到 1420 年就修好了，前後只用了 13 年。而前幾年都用在準備建材上，真正建造時間只有 5 年。

中國古建築在結構上，並沒有將房子的重量壓在牆上，牆只是隔斷用的。而且，木頭零件加上榫卯的連接方式，讓古建築非常有韌性。它不但可以承受很大的重量，而且可以容許一定的變形而不損壞。

例如山西應縣有一座著名的木塔，已經建成 900 多年了，經歷過許多次大地震。但這座木塔依然好好的。又例如 1996 年 2 月，雲南麗江突然發生大地震。許多新建的大樓都倒塌了，但是老城區並沒有受到嚴重破壞。很多老房子，雖然牆已經塌了，但房架子和屋頂仍然立着。這就是傳統建築的重要特點「牆倒屋不塌」。這個奇跡，讓世界各國的建築專家都驚訝萬分。

很多現代建築遇到地震時會垮掉，但那些上千年的建築，有時候反倒比現代建築更能扛得住地震。這是我們中華民族獨特的工藝創造。

牆倒屋不塌

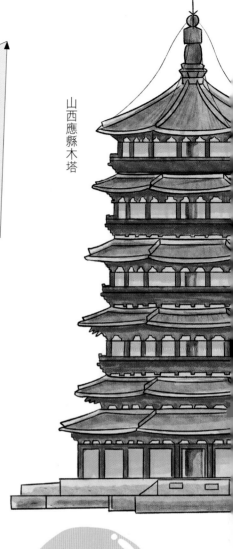
山西應縣木塔

牆當然是由磚石做的。但是古建築的神奇在於，即使沒有牆，房子一樣能站得住！

古建築不是也有牆嗎？難道也是木頭的？

看！牆塌了，房架還在！

成語典故

大興土木

　　指大規模地蓋房子。因為中國傳統建築的基本材料就是土木，所以用土木指代建築活動。封建時期的統治者容易好大喜功，通過大興土木，來彰顯功勳或追求享樂，從而勞民傷財，不利於國家發展，所以這個詞有貶義。

人物

魯班

　　春秋時魯國人，本名公輸般，又名魯班，有許多發明創造。後來，魯班的名字成為古代勞動人民智慧的象徵。兩千多年來，人們把古代勞動人民的集體創造和發明都集中到他的身上。傳說中，木工師傅們用的工具，如鑽、刨子、鏟子、曲尺、劃線用的墨斗，包括榫卯結構，都是魯班發明的。

互動

　　中國傳統建築和西方傳統建築有着顯著的風格差異。西方傳統建築常用石料建成，而中式傳統建築則多用木料。因此，西方的宮殿城堡常常能保存上千年，而中式傳統建築卻時常因木材老化難以長久留存。你認為這兩種類型的建築孰優孰劣呢？

我們來蓋一間小房子吧！

現在，我們就在這塊空地上蓋一間房子，一間最小、最簡單的傳統房了。

那麼，該從哪裏開始呢？

空地、木頭都準備好了，人手也夠了！

從「嗨喲嗨喲」開始！

一間房子是很重的,所以在蓋房前,要先用土在地上造一個又平又硬的底座,這叫「台基」。台基雖然不顯眼,但在一棟建築中的地位卻不容小覷。一棟建築如果沒有台基的話就有可能倒塌。即使不塌,也會慢慢沉到地下。

夯土的工作好辛苦啊!

但所有壯麗的中國建築,無論是皇宮、官府還是民居,都是從夯土的勞動口號開始的。

沉降

土原本是柔軟的,因此要建造台基,首先要將土變硬,也就是需要砸實。砸土用的工具叫「夯 (hāng)」,一般是一塊沉重的石頭或木頭。大家用繩子或杆子把它舉起來,「嗨喲嗨喲」地喊着口號,向地上使勁砸,直到把土砸實,這個過程也叫「夯土」,這樣就造出一個土台子。

嗨喲!

嗨喲!

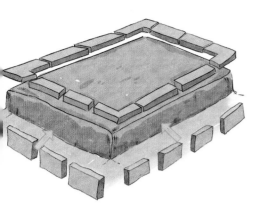

為了避免雨水等外在環境的侵蝕，在台基建造完成之後，人們會用長條石塊把它包起來，這樣就更結實了。

因為整間房子的重量，要靠這幾根柱子撐起來，柱子沒有底座的話，很容易被壓倒，或沉到地下。所以在立柱子之前，先為柱子做一個底座，也就是「柱礎」。放好柱礎，再修上台階，一座建築的基礎就打好了。

柱礎

現在我們可以在台基上立柱子了吧。

柱礎，就是柱子的石頭底座。除了承重之外，由於古建築的柱子多為木質，石頭做的柱礎也能起到防水、防潮的作用。

不行，現在我們的「基礎」只完成了「台基」，還差「柱礎」沒有搭建。

台基和柱礎合起來叫「基礎」。現在人們說的「學習要打好基礎」「基礎不牢」，就是從古建築來的。

房子的骨架

打好基礎了，現在我們要分步搭建房子的骨架——柱、樑、檁、椽。骨架只是一間房子最簡單的結構，實際上不是只有這幾種部件。有的豪華建築還會有更多部件，甚至同樣的部件因為位置、作用不同，名字也不一樣。

第一步，立柱。柱子要用堅固的大圓木，立在柱礎上面。柱子是用來支撐整個房架。如果說房架像一個人的骨架，那麼柱子就像人的腿。

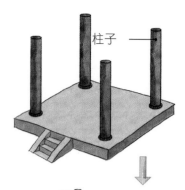

柱子

第二步，架樑。樑一般是長方形的大木頭，架在柱子上方，一起托起整個屋頂，是房子上部最重要的部分。

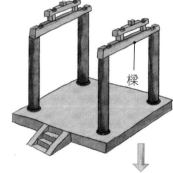

樑

房子的骨架搭好後，就可以在房架之間砌牆，一間房子就快成形了。

第三步，架檁 (lǐn)。檁一般是很長的圓木頭，架在樑與樑之間。這樣，就把各組柱子和樑連起來了。

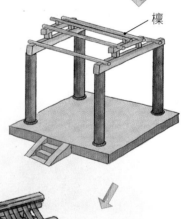

檁

第四步，鋪椽 (chuán)。椽一般是一根根的細木頭或細竹子，鋪在檁上，充當屋頂的框架。

呼呼，這下終於搭好了。

椽

哈哈，今晚我就在這裏睡覺了。

那怎麼行，現在的房子還沒有屋頂呢！

雖然椽已經鋪好了，但是現在房子還是漏風，不能住人。接下來就需要鋪屋頂。一般的屋頂包括望板、泥背和瓦片三個部分。

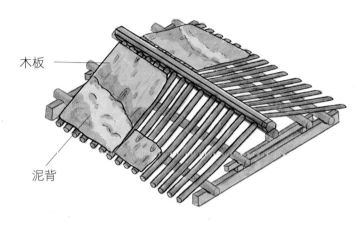

木板

泥背

第一步，要在椽上鋪上木板，也稱「望板」。古時候，沒錢買木板的窮人，會鋪蘆葦簾或草蓆。之後在木板或蓆子上鋪上「泥背」，也就是抹幾層泥。泥乾了後，整個房頂就不會透風了，而且冬天很暖和。

第二步，蓋瓦。因為泥背不防水，還需要在房頂上蓋上一層瓦片。為了防止瓦片從傾斜的屋頂上滑落。有時候用大銅釘把瓦釘在房頂上；有時候瓦的底面也做出凸起的瓦釘來，用來固定在房頂的泥裏；還有的時候用繩子來連接瓦片。

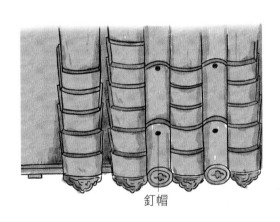

釘帽

瓦一般是用泥土燒成的。建造時，像魚鱗一樣，一層層地蓋在房頂上，因為上一層總是壓住下一層，所以雨水會向下流，不會漏到屋裏。也有把瓦一面仰放，一面扣着放，叫陰陽瓦。所以有句俗語叫「人有窮富，瓦有陰陽」。意思是瓦有正面朝上或背面朝上的時候，人有走運和背運的時候。

大銅釘

蓋瓦瓦環

仰瓦瓦釘

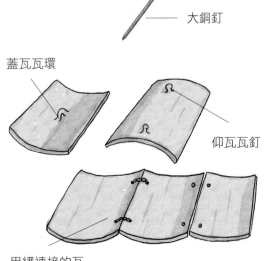

用繩連接的瓦

19

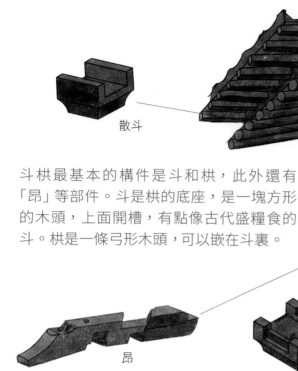

散斗

斗栱最基本的構件是斗和栱，此外還有「昂」等部件。斗是栱的底座，是一塊方形的木頭，上面開槽，有點像古代盛糧食的斗。栱是一條弓形木頭，可以嵌在斗裏。

昂

交互斗

栱

然後栱翹起的兩頭再加斗，斗上再加更長的栱。這樣一層層地鋪上去，好像一朵花越開越大。越是上面的栱，伸出柱子的部分就越長，寬大的屋檐就這樣被斗挑出來了。

插斗栱

中國古代建築最明顯的特點，就是有寬大的屋檐，屋檐還有尖尖的角，高高地翹在空中，好像要飛起來一樣，所以又叫「飛檐」。越是豪華的建築，飛檐就越大、越漂亮。這種飛檐是靠一種特殊的榫卯結構──斗栱（gǒng）支撐起來的。站在古建築的屋檐下看，就會發現屋檐下的木結構特別複雜。一塊塊木頭縱橫交錯，這就是斗栱。斗栱安在柱子或樑上，以托起上面的屋頂。通過一層層斗栱的穿插，能夠讓屋檐伸出至很遠的地方。

孟小元，屋頂都鋪完了，你還在做甚麼？

要修屋檐了，我在研究斗栱是怎麼插的。

成語典故

樑上君子

　　東漢時期，有一年鬧起了災荒。有個小偷到名士陳寔（shí）的家裏偷東西，趁夜躲在房樑上。陳寔發現了，但沒有聲張，而是起牀把兒孫喊了過來，對他們說：「好好做人，是每個人的本分。那些壞人，未必生下來就壞，而是壞事做多了，就養成了壞習慣。你瞧，樑上的這位君子就是這樣。」小偷大吃一驚，趕緊跳下來，向陳寔磕頭。陳寔知道他是生活所迫，也沒有為難他，還給了他一些東西，讓他從此改過自新。

棟樑之材

　　一間房子最高處的樑，叫「正樑」，也叫「棟」。如果一個人能擔當重要的任務，就說他是「棟樑之材」。

安上門窗

房架搭好，牆也砌好了！現在可以在牆上加門窗了吧？

古代的門窗是怎麼樣的呢？

煙囪和窗戶

　　古人住在半地穴式的房子裏時，牆就是地穴的壁，窗戶沒辦法打開，只能在屋頂上開一個洞，這叫「囪（cōng）」，也叫「天窗」。在屋裏燒火做飯，煙也從這個洞裏飄出去。現在的「窗」字的下面，有一個「囪」，這就是古老的居住習慣留下的痕跡。後來，古人從半地穴式的住宅裏搬到地面上，有了四面直立的牆，這才在牆上開窗，叫「牖（yǒu）」，和今天的窗戶差不多了。今天雖然叫「窗戶」，但古代的「戶」其實指的是「門」。從古文字的字形來看，「戶」其實是「門」的半邊。一般大門開兩扇，叫「門」。屋裏的門開一扇，叫「戶」。

　　這種原始的住宅模式，很多少數民族現在還在使用。例如鄂倫春人的住宅仙人柱，就是用樺木和樺樹皮、獸皮等搭成一座帳篷似的房子，頂上開洞，猶如原始的「窗」或「囪」。這個洞用來透氣、排煙。

其實「窗」，最早是由「囪」演變而來的。

門戶

有的窮人做不起窗戶，就用一個沒底的「甕（wèng）」，也就是破罐子，嵌在牆洞上當窗戶。門也沒有門軸，用繩子一繫，就湊合着用了，這就叫「甕牖繩樞（shū，門軸）」。門上還蓋着蓬草或竹木條，這就叫「蓬門蓽（bì，竹木條）戶」。

古人用甚麼糊窗

古代的窮苦人家會用竹子、茅草編成簾子，掛在窗上，這就叫「蓬窗」。有的人家，用木板遮擋窗戶，白天取下木板，晚上再把木板安上去。有錢人家會用薄布或薄紗，五顏六色的很好看。

漢代以後發明了紙，而且紙比布便宜多了，窮人也用得起。越來越多百姓開始用紙糊窗戶。今天還可以看到很多老房子的窗戶都是用薄紙糊的。

相較而言，貴族建築的窗戶就更追求華麗透亮。工匠們想了各種辦法，比如用琉璃（liú lí）或雲母。琉璃和雲母都是天然礦石，切成薄片後是透明的，把它裝在窗戶上，雖然不如今天的玻璃，但也透亮。另外在南方，工匠們還會把貝殼磨成透亮的薄片，也叫「明瓦」，裝在窗戶上，效果也不錯；還有一種貝殼叫海月，又薄又透明，有錢人把它嵌在門窗上，可以透光。

我們屋子的窗戶上都安了玻璃。古代的窗戶安的是甚麼呢？

天然的雲母、琉璃和貝殼太少見了，所以後來出現了人造明瓦。製作時先把羊角熬成液體，混上彩色顏料，凝固後壓成薄片，裝在窗戶上。明代的南京有一條街叫「明瓦廊」，就是專門生產、銷售羊角明瓦的地方。到了近現代，玻璃工廠越來越多，明瓦行業才漸漸消失。

把羊角放鍋裏熬煮

變成濃濃的液體

混上顏料

等待凝固

壓成薄片

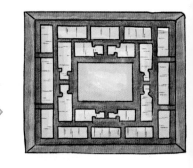

彩色窗戶

裝門檻

門檻（kǎn），就是門框下端挨着地面的橫木條或石條。石頭門檻一般固定在門墩的槽裏，木頭門檻則更靈活，平時插在兩端的凹槽裏，有車馬要進門的時候，可以抽出來，讓車輛暢通無阻。古代住宅的大門一般往裏面開，所以門檻通常安在門外。關上門，門外有門檻，門內有門閂（shuān），這樣門就牢牢關上了。

剛才工匠說，我們的房子還差一個部件，門檻。

門窗都安好了，屋裏再鋪上磚或石板，一間小房子就蓋好了！

古人很重視門檻，認為它能擋住外面的邪氣，保護家庭的祥和，所以對門檻有很多禮節上的講究。有的地方不許人坐在門檻上，或踩在門檻上。而且，門檻的高低是主人家的身份象徵。越是有錢的大戶人家，門檻做得越高。所以「高門檻」有時便用來代稱大戶人家，後來也形容難以達到的水平。

動腦筋想一想，如果你生活在古代，除了古人已經會用的紙、雲母、貝殼、羊角明瓦等，你還能想到甚麼適合糊窗的材料呢？

八面玲瓏

唐代詩人盧綸曾寫道：「四戶八窗明，玲瓏逼上清。」本意是指四壁窗戶寬敞，室內通徹明亮，也比喻通達明澈的修養境界。後用來形容人處世圓滑，待人接物面面俱到。這個成語和窗戶有關，所以也叫「八窗玲瓏」。

蓬蓽生輝

「蓬蓽」指的是蓬草或竹木條，是古時候窮人用來遮蓋門窗的材料。不過，即使不是窮人，也可以用「蓬蓽」來謙稱自己的家。古時人們面對來家中做客的客人，就會說「蓬蓽生輝」，意思是客人給自己簡陋的家增加了光彩。

老百姓怎麼住？

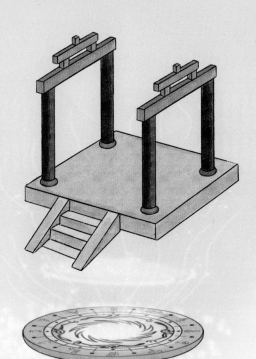

甚麼叫「一間房」？

要蓋一座房子，首先是由柱子和樑搭起一整片屋架。一座房子至少需要兩片屋架。兩片屋架之間的空間，就叫一個「開間」，簡稱「間」。因為我們面對房子的正面，所以這間房子就是「面闊一間」。現在的樓房雖然沒有這些結構了，但是「房間」這個叫法卻從古代保存下來。

間　間　間

如果想要擴大房屋，就可以加屋架。三片屋架，面闊就是兩間。這樣，就可以一直加下去。

一片屋架

一個開間

間

「間」一般都是單數，一般老百姓的房子，面闊三間就可以了。地位越高，房子就越寬，五間、七間，一直到皇宮的面闊九間。在中國現存的建築中，房子寬度最大的是故宮的太和殿，面闊十一間。

太和殿（十一個開間）

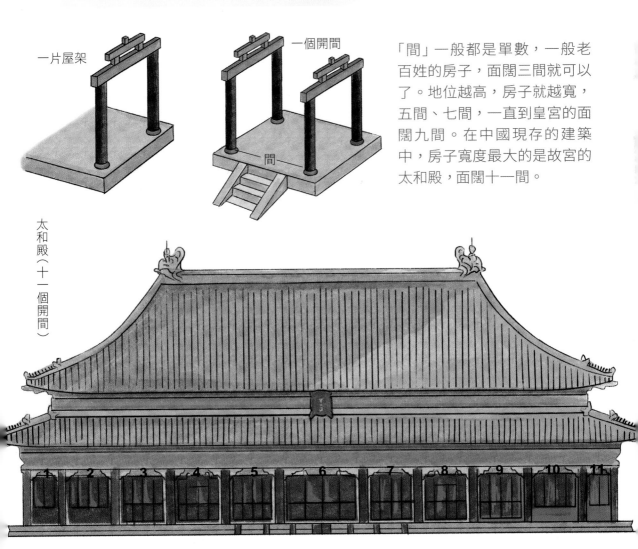

1　2　3　4　5　6　7　8　9　10　11

架

面闊的間數變多，只會正面看着寬大。如果越修越長，就修成一條長長的走廊。所以房子要大，除了正面的面闊要寬之外，側面的跨度也要長，這樣從房子正面看去，房子就顯得深。所以一間房子的側面長度叫「進深」。

可是這樣蓋下去不是變成走廊了嗎？

面闊用「間」衡量，而進深用「架」衡量。如果按檁的數量算，有幾根檁條，就算幾架。比如圖中這種房子，一共五根檁條，進深就是五架。如果一座房子是「三間五架」，意思是從它的正面看，有三間房；從側面看，有五根檁條。

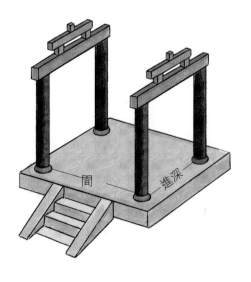

間　　進深

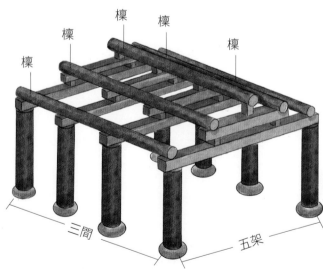

檁　檁　檁　檁　檁

三間　　五架

「間架」和「結構」

那我們能不能修一個100間100架的房子呢？

古代的等級制度非常森嚴，怎樣的人建怎樣的房子，都有嚴格的規定。比如唐代時，三品以上官員，堂屋不能超過五間九架；五品以上官員，不能超過五間七架；六品以下官員，不能超過三間五架；普通老百姓，不能超過三間四架。所以，一座房子裏面住着甚麼人，是官員還是老百姓，　眼就能看出來。當然，這只是寫在紙上的法律，實際情況複雜得很。很多官員為了享受，都偷偷修建超過規定的大宅子，皇帝也管不了。

目自因固	丕正土並	才斗干井	十上下士
左右有直宜左收而右展	上下有畫須上短而下長	橫短直長	橫長直短

書法的間架結構

中國書法和文章都強調「間架結構」。「間」和「架」，是房子的寬度和深度。另外，「構」是架木頭造屋的意思。「結構」就是把木架子連結起來蓋房子。「間架」和「結構」這兩個詞，本來是講房子骨架的。因為書法的筆畫，也像蓋房子的木頭一樣，橫橫豎豎地插在一起。所以，寫字也講究間架結構。間架結構合適，字就好看，這都是從蓋房子的經驗來。寫文章也是一樣，作文的語言、素材，也要像木頭一樣，巧妙地插到一起。老師經常說：「一篇作文，結構如果鬆散、混亂，得分就不高。」這也是把寫作比作蓋房子了。

這也太奇怪了吧！

從一間大房子到一個院子

大房子已經蓋好了,可如果還是不夠怎麼辦呢?

很簡單,再多蓋幾間房,做成一個院子。

庭院

　　幾間房子合在一起，就形成一個院子，又叫「院落」，這就是一個建築羣了。中國的傳統建築羣和內部的木結構一樣，仍然像拼積木，把大大小小的房子拼來拼去。平民百姓，就用幾間小房子，拼一個方形小院子。富豪大戶，就多拼幾個大院子。到了皇帝，也無非是蓋一些更大、更豪華的房子，拼出更大、更複雜的院子來。

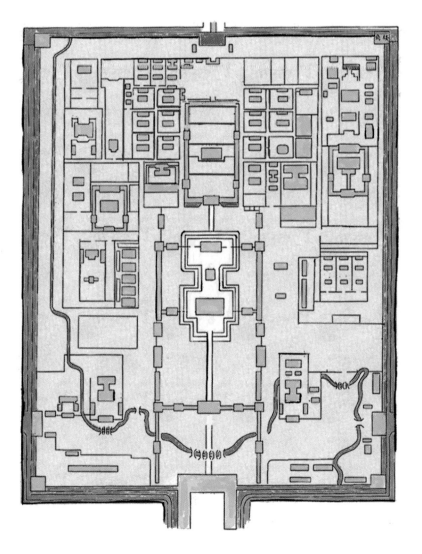

北京紫禁城平面圖

　　院子也叫「庭」。庭中間疊起一座高出地面的台基，上面蓋正房。所以要進屋一定要上「階」，階又叫「除」。古人良好的生活習慣是「黎明即起，灑掃庭除」。庭院是自家的地盤，在自家院子裏隨便走一走，輕鬆又愉快，所以叫「閒庭信步」。每個庭院裏都住着一家人，所以一家人又叫「家庭」。

堂

　　普通的傳統住宅裏院子一般朝南，走進院子，會看到正面有一座高高的房子，這就是「堂」，相當於今天的客廳。「堂」也叫「堂屋」，一般是住宅裏最高大的建築。後來凡是高大寬敞的建築，都可以叫「堂」，比如禮堂、食堂、大會堂等。

　　和今天一樣，古人的客廳是招待客人、舉行儀式的地方。對孩子來說，爸爸媽媽招待客人、商議家事、教訓子女，都會坐在這裏，所以「高堂」是對自己父母的尊稱。結婚的時候，也在客廳舉行儀式，所以叫「拜堂成親」。哪怕再窮的人家，也會用茅草搭一間堂屋，叫「草堂」或「茅堂」。

平民百姓的堂屋，相當於官府的大堂、皇宮的正殿。堂雖然有大有小，有簡陋有豪華，但都是建在一個高出地面的台基上，處於整個院子正中間的位置。老百姓在這裏處理家事，官員在這裏處理公事，皇帝在這裏召見大臣。由此可見，在古代中國，一個家、一座城，到整個國家，結構非常相似，這在住宅的格局上就表現出來了。

一拜天地，
二拜高堂，
夫妻對拜！

室

堂的兩側或後面叫「室」或「內」，也就是臥室，是屋主的私人空間。一般來說，除非主人邀請，或者關係非常親密，否則外人是不能隨意「登堂入室」的。

漢代普通老百姓的家，一般是「一堂二內」。有的「堂」在前面，兩個內室在後面。有的中間是「堂」，兩側是「內室」。兩千年來，中國的普通百姓一直保持着「三間正房」的居住模式。

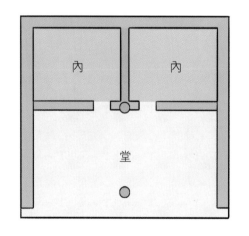

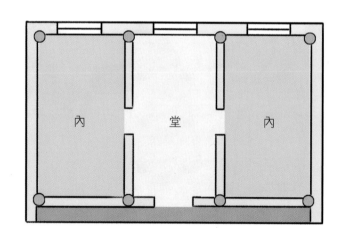

「一堂二內」的兩種平面示意圖

廁所和豬圈

古代的廁所和豬圈往往是連在一起的，上面的廁所懸空，大便之後，糞便正好掉到下面的豬圈裏，被豬吃掉。這種豬圈、廁所合一的形式，在現在一些偏遠農村仍然能看到。除此之外，古人還有很多與農業和畜牧相關的家庭設施，例如用石頭疊起來的雞窩，叫「塒（shí）」；圓形的糧倉，又叫「囷（qūn）」。

重要的中軸線

　　古代民居很重視排列佈局上的中軸對稱。如果我們把大門到客廳的中間連成一條線，會發現在這條中軸線的兩側，對稱地建有東西房、東西夾室和東西堂等。古人將最重要的建築都安置在這條中軸線上，次要的房屋則安置在這條中軸線的左右兩側。這種中軸對稱的模式不僅漂亮，而且還蘊含了古人的尊卑觀念，有利於維護社會等級和秩序。

中軸線

李誠

　　李誠是宋代的建築學家，他憑藉自己多年修建工程的豐富經驗，參閱大量文獻和舊有的規章制度，並且收集各類工匠的操作流程、技術要領，以及各種建築物構件的形制、加工方法，編成建築學著作《營造法式》，並流傳至今。

　　了解古人的房屋後，想一想：自己家的住宅和古人的有甚麼不同。

登堂入室

　　古代的「室」是休息、睡覺的地方，要入室必須先到堂。堂多建在高台上，要到堂，必須登上台階。所以叫「登堂」。一般來說，外人不能進入內室。如果只到堂上，是無法得知主人家內的實際情況。所以孔子把「入室」比作做學問做到精通，把「升堂」比作只了解皮毛而不懂真正的奧妙。

　　歷經夏、商、周三朝發展，地面建築逐漸形成屋頂、屋身和台基三段式結構，被稱為「宮」或「宮室」。

　　春秋時期，士大夫的住宅大門分為三間，中間的叫門，是大人辦公的場所；左右還有房間叫「塾」，是孩子上課的地方。

　　漢代的貴族住宅不僅有門、塾、堂、廂，還有車房、馬廄、廚房、倉庫、僕人住房等。用圍牆組成的三合院、四合院已經出現，也有二層、三層的塢堡式住宅。

從一個院子
到一個村子

好大的村子啊！

人類喜歡住在一起，一個家庭住一個院子，大大小小的家庭組成一個家族，許許多多的院子就形成了一個村落，也叫村莊。有時候一個村落就是一個大家族。更大的村落中，住着幾個甚至十幾個大家族。

水井

一個地方能形成村落，最重要的是這裏有水源。沒有水喝，人是沒法生活的。在古代，除非是緊靠河邊，不然村子裏一定會有井。原始社會的人一般都住在河邊。雖然用水方便了，但是畢竟河流太少，而且萬一洪水泛濫也很危險。漸漸地，人們發現，土層下面一般都會有地下水。只要挖得深，就一定能挖出水源來。歷史上並沒有記載究竟是誰發明了水井，至少距今約5000年的原始人，就會打井了。

井邊是一個村子裏最熱鬧的地方。因為所有的住戶每天都要到井邊打水，所以每口井的周圍，天天都人來人往。有人流，就會有商機。有生意頭腦的人，就會選擇在井邊擺攤賣東西。漸漸地，就形成了買賣東西的市場。這叫「因井為市」，所以市場又叫「市井」。

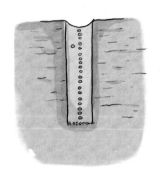

二里頭文化水井

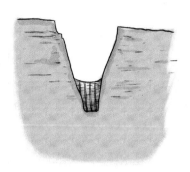

上海廣富林遺址水井

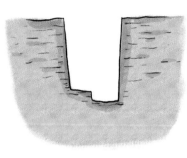

江夏鄭店東周水井

一開始井挖得不深，只是淺淺的一個坑，這叫「坎井」。這種坎井裏，會有小青蛙、小螃蟹等動物來住。「井底之蛙」或「坎井之蛙」這兩個成語，就比喻生活在自己的小天地裏，沒見過大世面的人。後來人們挖井的技術越來越高明，可以挖到十幾米深的地下。這樣的井，水量就很足了。

大家都要喝水，圍繞着一口井，就會形成一個聚居點，一個或幾個聚居點就形成一個村子。所以村莊又叫「村井」，家鄉又叫「鄉井」，一個人離開了家鄉，到外面去流浪，就叫「背井離鄉」。

桑梓

古代商業並不發達。大多數古代村民都是自己種糧食吃，自己織布做衣服穿，自己做傢具，過着自給自足的生活。所以古人除了種地之外，在房前房後，還會種桑樹和梓樹。桑樹的葉子用來養蠶，蠶絲可以用來織布做衣服。梓樹的種子可以取蠟，蠟用來用來點燈，梓木還是上好的木材，蓋房子、做傢具、做棺材都用得着它。缺甚麼材料，就可以自己動手砍樹製作。有了桑、梓，穿的用的都不用發愁了。

家家戶戶的桑和梓，往往是祖輩的遺產，是父母甚至更老的先輩種下的，所以「桑梓」也用來指故鄉或鄉親父老。一個人出去闖蕩，學不成名誓不還鄉，就說「埋骨何須桑梓地，人生無處不青山」；等有了成就，回來報答父老鄉親，就說他「造福桑梓」。

為甚麼家家門口都有樹啊？

這些是桑樹和梓樹，對古人生活很重要的。

47

廟宇和宗祠

古時的村莊裏大多都有土地廟，供奉的是土地公。傳說土地公是大地之神，保護一方平安，風調雨順，糧食豐收。除此之外，村中還會有宗祠，是鄉親們祭祀祖先的地方。

李氏宗祠

這個小房子也是住人的嗎？

不是啦，這是宗廟。

鄉里和鄰里

　　一個地方適合生活，就會有人來住。慢慢地，人越來越多，自然而然地形成一個村落，這種叫「自然村落」。幾千年來，國家有一套管理老百姓的制度，這就是「鄉里制度」。例如唐代規定，一百家組成一個「里」，五個「里」組成一個「鄉」。實際上不一定剛好那麼湊整，一般一個有上百家的大村子就是一個「里」，或者幾個小村子合編成一個「里」。所以「鄉」「里」是古代社會的基層組織。

　　古時，每個人只要一出生，就都被編進不同的「鄉」和「里」，所以「鄉」和「里」，可以指一個人的出生地。例如「故鄉」「家鄉」，都帶有一個「鄉」字。同鄉的人，就叫「鄉親」或「老鄉」。「里」也可以表示故鄉。故鄉又叫「故里」，鄰居也叫「鄰里」。甚至「鄉里」本身也有故鄉的意思。同鄉的人也叫「鄉親里道」。

　　今天「里」的制度雖然消失了，但在很多地名中保存了下來，例如北京有「和平里」，蘇州有著名的古鎮「同里」，成都有著名的商業街「錦里」。「鄉」一直保留到今天，至今一個縣的下面，仍然會劃分成幾個鄉。

成語典故

衣錦還鄉

　　在外面有了出息，穿着錦繡的衣服風風光光地回到故鄉，就叫「衣錦還鄉」，也說「衣錦榮歸」。

有錢人怎麼住？

從大門到院子

知道了古代老百姓怎麼住，我們現在就去城裏看看有錢人怎麼住。

不光是有錢人，我還想知道皇帝怎麼住！

窮人家的大門很矮，沒有門樓。富貴人家可以修門樓，所以叫「高門大戶」。窮人當了官，就可以把破舊的家門拆掉，改建成又高又大的門樓，這就叫「改換門庭」。不同等級的官員有不同的建築限制，違規建造不符合自己階品的門樓，也是「逾制」的一種，一經查出，將會受到嚴厲的懲罰。

這家人在幹甚麼？

歡迎歡迎，我剛升任七品知縣，可以修「廣亮大門」啦。

他家有人當官了，所以要把大門翻修一下。

王府的大門

高門大戶的門扇又高又大，得用好幾塊木板拼起來，木板拼接的時候，還要用釘子固定。不過，釘子帽露在外面不太好看，工匠就把釘子帽打成蘑菇形狀。後來釘子帽漸漸成了一種裝飾，有的還專門做成木頭釘子帽，刷上金漆，一排排擺在門上，顯得特別威嚴。皇宮的大門用九行九列，共 81 個門釘。王府的大門用九行七列，共 63 個門釘。門釘是權貴的象徵，普通老百姓家裏是不能安門釘的。

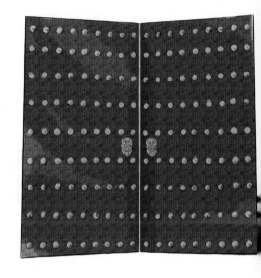

皇宮的大門

哇，王府好氣派啊。但這大門上為甚麼長出許多蘑菇啊？

這叫「門釘」！

有些大門上，還有一排短柱子，這叫「門簪（zān）」，像是固定門的木頭大銷釘。門簪上面一般雕有圖案或文字。大門上還有兩個門環，叫「門鈸（bó）」，可以當把手用。如果把門環做成怪獸的頭，嘴裏叼着一隻鐵圈的樣子，就叫「鋪首」。

這個怪獸還有一個故事呢。傳說中，魯班在河邊遇到了一種叫蠡（lí）的大海螺，魯班說：「蠡，蠡，你鑽出來讓我看看。」蠡說：「好啊，但我長得很奇怪，你可不許畫下我的模樣。」魯班答應了，蠡就鑽出頭來，果然是一隻怪獸的模樣。魯班偷偷地用腳把牠的模樣畫了下來。剛畫完，蠡就發現了，牠非常生氣，急忙鑽了回去，再也不出來。人們覺得牠是堅固和安全的象徵。後來，魯班就把這個怪獸形象用在大門上。

影壁

古時很多有錢人家，會在大門裏再修一面牆，防止外人一眼看到院子裏，這種牆叫「影壁」。有些人家，也把影壁修在大門外，這叫「過街影壁」。有錢人會在影壁上雕出各種好看的花紋，或者畫上山水畫。王室成員的影壁會更為豪華，有一種用琉璃瓦鑲嵌出的九條龍，叫「九龍壁」。九條龍有九種顏色，姿態都不一樣，在海浪和雲朵中穿行，是皇家的象徵。

九龍壁

禍起蕭牆

春秋時期，魯國的政權被權臣季氏掌握着。季氏為了進一步擴大和鞏固自己的權力，想攻打、吞併附近的一個小國顓臾（zhuān yú）。孔子十分不高興，認為季氏只是一個卿大夫，不能擅自征伐，這樣會自取滅亡。他說：「我想季氏的憂患，恐怕並不是來自顓臾，而是來自蕭牆之內吧。」因為魯哀公不會眼睜睜地看着季氏壯大勢力，專橫跋扈，一定會尋機懲治他的。蕭牆，即古代宮室內作為屏障的矮牆。後來就有了「禍起蕭牆」這個成語，意思是說災禍不是在外面，而是在家裏面發生的。

從院子到正房

可以，參觀完王府，我會帶你們去見幾位神秘的客人，他們會告訴你們皇帝怎麼住。

王爺，我們想參觀下王府，看看您怎麼住。另外，這幾位朋友還想知道皇帝怎麼住。

瓦當和屋脊獸

「瓦當」，也叫「瓦頭」。古時講究的人家，在瓦鋪到接近屋檐的地方，會用特殊的瓦把椽頭保護起來。傳統建築的屋檐，瓦當和滴水交錯着排列開來，特別好看。在屋脊上有很多小怪獸，叫做屋脊獸，除了裝飾之外，牠們還有很多寓意，大多是祈福消災，象徵屋主地位等等。

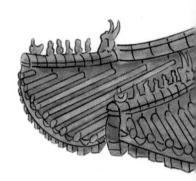

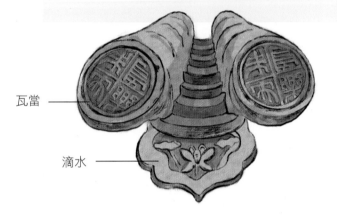

瓦當

滴水

瓦面弧形朝上、圓形或半圓形的叫「瓦當」，瓦面弧形朝下、三角形或如意形的叫「滴水」。

很多瓦當或滴水上，都有文字或圖案。例如漢代的「長樂未央」瓦當，以及青龍、白虎、朱雀、玄武四神獸瓦當。

在屋脊兩端張着大嘴的小怪獸叫「鴟尾」，也寫成「螭吻」或「鴟吻」。據說牠是一種海獸，是龍的兒子之一，也是水的精靈，喜歡站在高處東張西望，能防止火災。古建築都是木製的，所以人們把牠的塑像放在宮殿屋脊兩端。

青龍瓦當

白虎瓦當

朱雀瓦當

玄武瓦當

鴟尾

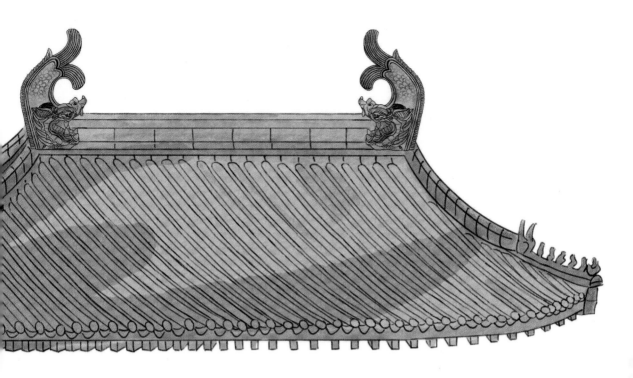

屋脊獸還有很多其他的種類，牠們的名字不同，一般有固定的排列順序。不同等級的建築，屋脊獸的數量不同，等級越高，數量越多。故宮太和殿上的屋脊獸最多，是 10 個。第一位是龍；第二位是鳳；第三位是獅子；第四位是天馬；第五位是海馬；第六位是狻猊（suān ní）；第七位是狎（xiá）魚，傳說是一種海中異獸，能興雲作雨、滅火防災；第八位是獬豸（xiè zhì），能辨曲直；第九位是斗牛；第十位叫行什，是一個帶翅膀、猴面孔的人像。比太和殿等級低一點的建築或王府，可以用 7 個、5 個或 3 個不等的小怪獸，但一般都是單數。

龍　　　　鳳　　　　獅子　　　　天馬　　　　海馬

狻猊　　　狎魚　　　獬豸　　　　斗牛　　　　行什

59

匾額和對聯

有錢人會圍着院子修一圈走廊，這叫「抄手遊廊」。颱風下雨的時候，就可以在裏面走，淋不着。遊廊門口的柱子上通常會掛一副木質的對聯，這叫「楹（yíng）聯」。門口的兩根柱子也叫「楹」，貼在楹上的對聯，就叫楹聯，又叫「抱柱對」。門上面掛的牌子叫「匾額」，一般是房屋的名字，或表示主人的志向。比如這塊匾寫着「嘉樂園」，就是這座院子的名字。兩邊柱子上的楹聯是「碧牖常來和順氣，瑤階永護吉祥雲」，意思是說華貴的窗戶、台階上，總有和順吉祥的雲氣籠罩着，就是希望自己的家裏安樂康寧、永保富貴的意思。

在窮人家裏抬頭一望，只能望見一根根的樑、椽交叉在一起。但富貴人家會在屋裏的房頂上安上頂棚，擋住上面掉下來的灰塵，還能保暖，有點像現代房間的「吊頂」。頂棚一般是一塊塊的，好像棋盤格，上面鋪着一塊塊木板，木板上有好看的花紋，所以又叫「天花」或「天花板」。

如果頂棚中心向上凸起，就叫「藻井」。一般老百姓的家裏不能用，只有尊貴的建築物可以用，比如神殿或皇宮。故宮太和殿的藻井，富麗堂皇，中間雕了一條龍，龍嘴裏還銜着一顆光閃閃的大圓球。

成語典故

雕樑畫棟

有雕花、彩繪的樑柱，也借指有彩繪裝飾的、富麗堂皇的房屋，一般富貴人家才有。

從正房到後花園

園林的講究

「欲揚先抑」是中國園林的一個顯著特點。進門的地方，往往用一座假山、一叢花或幾棵樹擋住視線，穿過去後才豁然開朗。就像演戲前幕布是關閉的，開演的時候才慢慢拉開，給觀眾一個驚喜。如果沒有遮擋，一進門，整座園子都落在眼前，就沒有意思了。

中國園林的另一個特點是不對稱。比如左邊有一座亭子，右邊肯定不會再修一座亭子。左邊栽一棵樹，右邊肯定不會再栽一棵樹。也沒有方方正正的草坪，規規整整的花壇，花啊，草啊，通常東一叢，西一簇的。

住人的正房，要體現主人的氣派、威嚴，所以要修成左右對稱，整整齊齊的。但供人遊覽的園林，模仿的是自然風景，讓人感覺像在大自然裏生活，這才能讓人覺得舒服，身心得到休息。你想，大自然裏，有左右完全對稱的山和石頭嗎？有直來直去的河流、四四方方的湖泊嗎？這就是中國古代園林的另一個特點：效法自然。

為甚麼園林的路彎彎曲曲，都不對稱啊？

哇，好看的風景都在假山後面啊！

窗戶和框景

「空窗」是園林裏很常用的一種窗戶，只有窗框沒有窗扇，窗外一般會堆一座假山，或種上一棵芭蕉樹、一叢竹子、一株花。空窗像是一個畫框，恰好把窗外的景物框進來，看上去彷彿一幅巧妙精緻的圖畫。這就叫「框景」。比如一個瓶子形狀的花窗，單看沒甚麼，但是牆外面正好有一棵梅花。等梅花盛開的時候，向花窗看過去，就好像梅花插在瓶子裏。

空窗

什錦窗

什錦窗

花瓶窗

園林和中國畫很像。園林裏的這些小景致，就叫「小品」，一處竹石，一處花卉，都要像一幅國畫，才算成功。所以說遊覽園林，就像「人在畫中遊」。不光是小品，設計整座園林，也要像在平地上畫出一幅畫來，這對設計師的要求特別高。所以，園林設計師一定是非常高超的藝術家。有時，從院子裏看過去，甚至遠處的山都好像屬於園林一樣，成了畫面的一部分，這叫「遠借」。園子的水面，又能照見遠山的塔影，遙相呼應。

園林裏的建築

石舫（fǎng），看起來是一條石頭船，其實是一座水邊的建築物，只是做成了船的樣子，好像能隨時開動，給園林增加了很多動感。

這裏有一條船啊！

這是石舫，不是真的船。

亭子通常會安一個匾額，上面會題字。例如「與誰同坐軒」，「與誰同坐」源於宋代文學家蘇軾的兩句詞：「與誰同坐？明月清風我。」意思是明月、清風雖然不是人類，卻好像都成了作者的朋友。園林的建築要修得好看，還要起個合適的名字，才能有意趣。

亭子是園林裏必不可少的一大點綴，方亭、圓亭、半山亭、鳳凰亭等，它們靈巧的造型，給園林帶來很多變化。

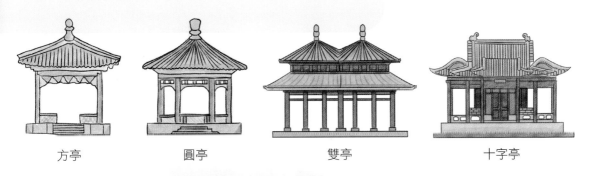

方亭　　　　　圓亭　　　　　雙亭　　　　　十字亭

遠處的亭子上有字唉，讓我看看……寫的是「與誰同坐軒」。

園林和中國畫的關係密不可分，因為其中的美感是相通的。所以有些畫面既會出現在中國畫裏，也會出現在中國園林中，這也是兩者的趣味。

造園林就像畫畫，我模仿蘇州拙政園和留園，在我的園子裏修了三處風景，其中參考了幾幅中國畫。

此處運用了宋代馬麟的《靜聽松風圖》。老樹的枝幹都是彎彎曲曲，好像一條蒼龍，在風中飛舞。仙風道骨的名士，悠然地坐在河岸邊的松樹下，好像沉浸在大自然中，神氣舒暢。

此處運用了近代畫家王福庵（ān）的《花卉竹石圖》。怪石嶙峋，翠竹常青，好像是一個人高潔的風骨。旁邊又有鮮花，象徵着蓬勃的生命力。

此處運用了元代畫家倪瓚的《容膝齋圖》。是中國審美一種特有的風格：疏朗淡雅。數株樹，一座亭，看到這種景象，人的心自然會淡泊寧靜下來。

成語典故

曲徑通幽

　　唐代詩人常建《題破山寺後禪院》中的名句「曲徑通幽處，禪房花木深」，說的是禪院有一條彎曲的小路，通往幽深僻靜的地方，旁邊的花木也深濃茂盛。這是中國式審美的特徵，後來的園林設計師經常把園林設計成「曲徑通幽」的風格，引導遊人慢慢進入佳境。

皇帝怎麼住？

從天上到人間

到我這裏！我住在長安未央宮！這是出入的牌子。

到我這裏！我住在北京紫禁城！給，這是出入的牌子。不過，朕明天要去木蘭圍場打獵，你們得自己逛！

這是孟小元和他的朋友們，我把他們引薦給幾位陛下。他們想參觀一下皇宮，哪位能讓他們進去呢？

到我這裏！我住在長安大明宮！這是出入的牌子。

漢武帝　　唐玄宗　　乾隆

時間有限，我們先參觀一下紫禁城，有時間再去您二位的宮殿。

古代對房頂的瓦，規定很嚴格。瓦也是分等級的，皇帝可以用黃琉璃瓦，王公只能用綠瓦，普通老百姓只能用灰黑色的瓦。

紫禁城的「紫」不是說皇宮是紫色的。中國古代講究「天人合一」，認為天上的星星和地上的政權是對應的。古人認為，天上的最高神是天帝，他住在紫微宮裏。人間的皇帝，是受命於天的天子，住的地方也應該和天帝的住所對應，才顯得尊貴、威嚴。所以這個「紫」指的是天帝的住所。另外，皇宮是禁地，禁止別人隨便進來，所以皇宮就叫「紫禁城」。古人認為，紫微宮在北極星周圍，而北極星在整個天空的正中心，天上的星辰都圍繞着北極星轉動。所以紫禁城也在整個京城的正中心，周圍的建築也像星辰一樣環繞着它。

終於到了，下面金燦燦的建築，看屋頂就知道是紫禁城啦！

咦，你怎麼知道？

星空和宮殿

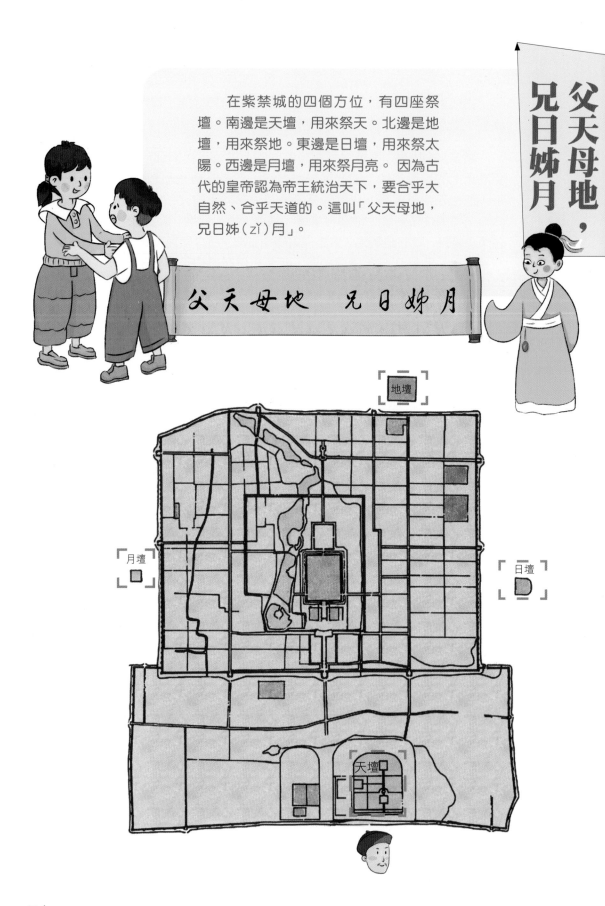

在紫禁城的四個方位，有四座祭壇。南邊是天壇，用來祭天。北邊是地壇，用來祭地。東邊是日壇，用來祭太陽。西邊是月壇，用來祭月亮。 因為古代的皇帝認為帝王統治天下，要合乎大自然、合乎天道的。這叫「父天母地，兄日姊(zǐ)月」。

父天母地，兄日姊月

父天母地　兄日姊月

地壇

月壇

日壇

天壇

皇宮的東邊和西邊，各有兩座建築。東邊的叫太廟，西邊是社稷壇。對一個王朝來說，祖先和土地很重要。所以皇上把祖廟設在宮殿左邊，社稷壇設在宮殿右邊，這就叫「左祖右社」。古代的左右，和今天的正好相反。古代是從皇帝的角度看的，皇帝面朝南，背朝北，所以他的左邊是東，右邊才是西。

前文提到過，很多村莊和城市裏，同樣有宗祠和土地廟。這就是古代中國的特徵 —— 家國同構，意思是家族和國家在組織結構上是相似的。一個家庭擴大，就是一個家族。一個家族擴大，就是一個國家。一個家庭像一個小國，一個國家像一個大家庭。在家庭裏，家長的地位最高，權力最大；在國家裏，君王的地位最高，權力最大。家長像一個家庭的君主，君主像整個國家的大家長。各級地方官，也被老百姓稱為「父母官」。

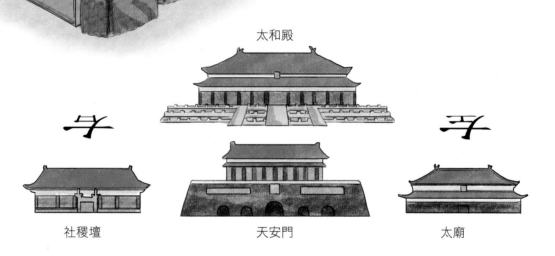

太和殿

社稷壇　　　　天安門　　　　太廟

在古代，最早把供奉祖先的地方叫「廟」，普通老百姓的叫「家廟」，帝王的叫「太廟」。後來佛教和道教興起，也修建房子，供奉他們的神，這才管這些供奉神佛的地方也叫「廟」，所以「廟」裏本來是沒有和尚的。太廟中供奉的皇家先祖，是皇權的象徵，所以朝廷也叫「廟堂」。

皇宮西邊是社稷壇。「社」是土地神，「稷」是五穀神。「社稷」合起來，指一個國家的國土和糧食。歷代帝王都把「社稷」看成國家的象徵。所以「社稷」也就代表國家了。社稷壇是一座用漢白玉砌成的三層平台，祭壇上層按照東、南、西、北、中的方位區域，分別鋪了青、紅、白、黑、黃五種不同顏色的土壤，俗稱「五色土」。這些泥土是從全國各地運來的，寓意是「普天之下，莫非王土」。按照五行配五方、五色的傳統說法，東方為青土，西方為白土，南方為紅土，北方為黑土，中央為黃土。社稷壇中央有一座方形的石柱，又叫「江山石」，意為江山永固。

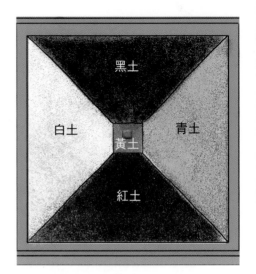

五色土

天人合一

　　古人認為大自然，也就是「天」，和人間是對應的。人間的萬事萬物，都是「天意」的體現。而人的所作所為，也能讓「上天」感動，改變「天意」。皇帝統治人間，就要代表上天，順應「天意」。

江山社稷

　　江河和山嶽，代指整個國土。江山和社稷合在一起，也代表國家或政權。

午門是舉行大型典禮的地方。比如大將軍打了勝仗，凱旋回歸，在這裏向皇帝獻上俘虜，就是「獻俘儀式」；宣佈皇帝聖旨，每年頒發新的歷書，也在這裏舉行。「午門斬首」只是小說戲劇虛構的情節。但是在明代，如果有大臣惹惱了皇帝，會被拖到午門打屁屁，這叫「廷杖」。

紫禁城是明永樂帝朱棣修建的，是明朝皇帝的宮殿。後來明朝滅亡後，取而代之的是清朝。清朝皇帝懶得再修一座新皇宮，就把這裏的各個宮殿起了新名字，直接住了進來。

78

闕是建立在宮殿兩邊的一對高大建築，早期有瞭望、守衛的作用，後來就成了宮殿的裝飾。所以宮闕或龍樓鳳闕也指帝王的宮殿。

午門有五個門口，門口有嚴格的等級制度。中間的大門，只有皇帝才能走，皇帝大婚的時候，皇后可以從這裏進宮，科舉考試的前三名也可以從這裏走一次。在清代，文武官員從左側門進出，王公貴族從右側門進出。最兩邊的左右掖門平時是關閉的，如果碰到皇帝在太和殿舉行大典時，文武百官才會從這兩個門出入。「掖」現在也寫成「腋」，就是腋窩的意思，這兩個門正好在兩個角，好像在午門的腋窩上。午門旁邊兩條左右相對的「胳膊」，叫「闕（què）」，這種門也叫「闕門」，是古建築裏最高級的大門。

金水河

金水河，俗稱筒子河或護城河。河有兩個主要作用，首先可以滅火。宮裏的建築都是木製的，萬一發生火災，就可以從這裏取水。另外，這條河還可以防止積水。這裏地勢低，下了大雨，水就可以流到這裏來，順着河流排出去，否則皇宮就被淹了。

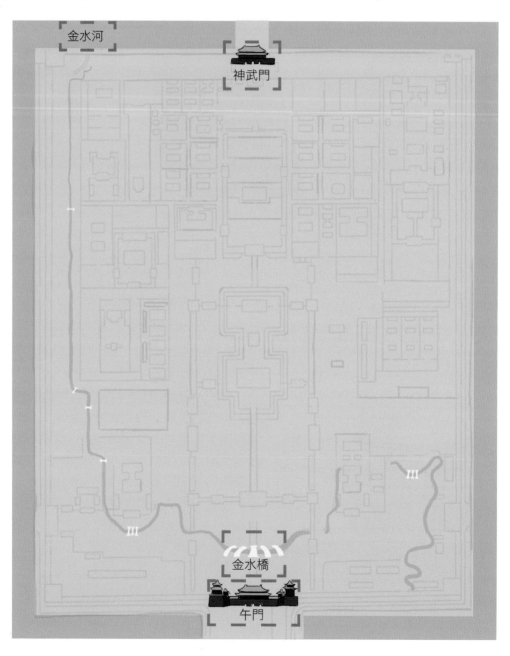

金水河示意圖

紫禁城的核心建築是三大殿 —— 太和殿、中和殿、保和殿。太和殿是中國古建築中開間最多、進深最大、屋頂最高的一座大殿。皇帝登基、完婚、冊立皇后、命將出征或在重大節日時，都在這裏接受百官的朝賀或向王公大臣賜宴。中和殿是在太和殿舉行各種大典前，讓皇帝休息，並接受執事官員朝拜的地方。保和殿則是明代大典前皇帝常更衣的地方。清朝時皇帝主持考試，宴請王公貴族，都在這裏。
三大殿在紫禁城裏，地位最顯著、最豪華。而且三座大殿的頂部還不一樣，富於變化，遠遠看去，很有節奏感。

石嘉量

銅龜

銅鶴

銅香爐

日晷

太和殿旁還有日晷（guǐ），是一種通過細桿的影子測量時間的工具，實際也成了國家政權的象徵。

太和殿下面有約八米高的台基。前面的月台上還有象徵着國家長治久安的銅龜、銅鶴、銅香爐、石嘉量等。文武百官或各國使者要拜見皇上時，得先在午門外候旨，然後經過幾道大門，穿過戒備森嚴的儀仗隊，登上高高的台基，才能進入太和殿。這樣的設計，讓人覺得特別有威懾力，特別莊嚴。

重檐廡殿頂　　　　　四角攢尖頂　　　　　重檐歇山頂

太和殿　　　　　　中和殿　　　　　　保和殿

81

保和殿後面還有一道門，叫做「乾清門」。它把皇宮分成外朝和內廷兩部分。外朝是皇帝上朝、接見百官的地方。內廷是皇帝生活的地方。皇宮雖然很大，但佈局和普通老百姓的家其實差不多。外朝就相當於老百姓家裏的「堂」，內廷就相當於他們的「內室」。內廷也有三座宮殿，比前面的三大殿小一些。前面的乾清宮是皇帝住的。中間的交泰殿，是皇后在重大節慶時接受朝賀的地方，清朝時也用來存放皇帝的玉璽。後面的坤寧宮是皇后住的。東西兩側房子都是皇帝的妃子們住的。在古代，「乾」是天的意思，「坤」是地的意思。皇上和皇后分別住乾清宮和坤寧宮，象徵天和地。旁邊的宮殿，就像羣星一樣守衛着四周。

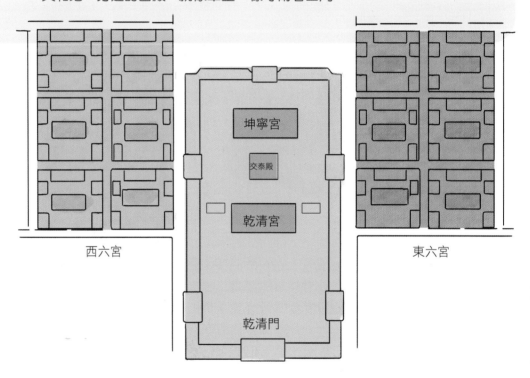

坤寧宮

交泰殿

乾清宮

西六宮　　　　　　　　　　　　　　東六宮

乾清門

九五至尊

　　在中國傳統經典《周易·乾》中，「九五」的意思是龍飛上天空，古人把皇帝比作龍，所以後來「九五」也指帝位，皇帝被稱為「九五至尊」。紫禁城三大殿的台基，南北長 232 米，東西寬 130 米，兩者比例接近 9:5。也許古人在施工時，就考慮到這組神秘數字的象徵意義。

御花園和
太液池

　　皇宮與其他住宅一樣，會有園林。而皇宮的園林叫「御花園」。除了御花園外，在紫禁城的西邊，還有一片很大的湖，叫太液池，現在叫北海、中海和南海。「太」就是極大、最大的意思，表示尊貴。太液池，意思就是這池子裏的液體都是最尊貴的。漢代皇宮裏的湖就叫「太液池」，後來唐、元、明、清等朝代，就一直沒有改過。紫禁城是在平地上建起來的，實在太死板單調了，旁邊有一片湖，能夠讓皇城的園林景觀豐富一些。

景山

　　皇宮的後面還有一座小山，名叫「景山」。相傳歷史上有幾代皇帝，在附近挖池子，挖護城河，挖出的土就堆在這裏，形成一個小山丘，是皇宮北邊的一道屏障。明代在北京修建皇宮時，曾在這裏堆過煤，所以又叫煤山。景山正好在中軸線上，登上這座山，整個紫禁城都在眼前。明清時，山下還種過很多珍奇樹木，山上養了鹿、鶴等象徵長生不老的動物，所以山下曾叫百果園，山上曾叫萬歲山。大多數皇帝都喜歡這裏，可也有例外。明代最後一位皇帝崇禎，因為李自成率領農民起義軍攻陷了北京城，他走投無路，就在這山上的一棵歪脖樹上吊死了。

　　清朝皇帝都有打獵的習慣。但是，北京城周圍沒有這麼好的獵場，而木蘭圍場自古以來就是一片水草豐美、物種繁多的草原。清代皇帝都喜歡在秋天來圍場打獵，這叫「秋獮（xiǎn）」。古代皇帝在四季的打獵活動，有不同的稱呼，春獵叫「蒐（sōu）」，夏獵叫「苗」，秋獵叫「獮」，冬獵叫「狩」。

　　皇帝打獵不只是為了好玩，同時也是藉打獵訓練軍隊，這是更重要的目的。因為打獵和打仗差不多。木蘭圍場這個地方，向北直通蒙古，向南護衛京城，是歷史上的戰略要地。清代自設立木蘭圍場後，經常在這裏演練軍隊，安撫藩鎮，以達到控制邊境、加強民族團結、鞏固北部邊防的目的。不光是清朝皇帝，歷史上的皇帝都會在郊外闢出一塊地方來，叫「苑囿（yuàn yòu）」，專門用來養野獸、演練軍隊、打獵等。

每次打獵之前，先由管理圍場的大臣率領騎兵，圍出一個包圍圈來。再由清兵戴着鹿角面具，藏在密林深處，用木哨子學鹿叫。別的鹿聽了會跑來。其他野獸要吃野鹿，也會跟來。等野獸聚得差不多了，包圍圈繼續縮小。大臣就請皇帝先射，皇子、皇孫隨後，然後是王公貴族，最後是大規模的圍射。

乾隆皇帝去木蘭圍場打獵去了，我們也去看看吧！

成語典故

涸澤而漁，焚林而獵

把湖水抽乾了來捕魚，把林子燒了來打獵。這樣打到的獵物雖然多，但把環境破壞了，以後再也打不到獵物了。比喻只顧眼前利益，不顧長遠利益。

到我們那裏去看看

未央宮

未央宮是漢代的宮殿。「央」在這裏是「盡了」「完了」的意思。「未央」就是說江山穩固，永遠享樂，沒有盡頭。

兩千多年來，皇宮的面積越來越小。未央宮佔地約 4.6 平方千米。唐朝的大明宮佔地約 3.3 平方千米，紫禁城的面積就更小了，才佔地 0.73 平方千米。

未央宮

紫禁城

大明宮

未央宮有一個金馬門，門口有一隻由黃銅鑄成的馬，身形健美，可以作為千里馬的標準。

門馬金

未央宮內設有椒房殿，是皇后居住的地方，因為由花椒和泥塗牆而得名。花椒能散發暖氣，還有香味。而且，花椒結籽，都是一大堆一大堆的。用花椒泥塗牆，是希望皇后多生孩子的意思。

柏樑台

　　幾千年來，中國的君王都有築高台的愛好。用土堆起一座方形的建築，叫「台」，相當於一座小土山。台上修一些建築，叫「榭（xiè）」。君王們很喜歡在「台榭」上遊覽。有些君王，為了修高台，不惜工本。比如商朝最後一個君王商紂王，就花了好多錢和人工，修了一座「鹿台」，在上面尋歡作樂，結果鬧得民怨沸騰。周武王起兵伐紂，商紂王只好躲進鹿台，放了一把火，自焚身亡。還有春秋時吳王夫差修姑蘇台，最後也亡國了。

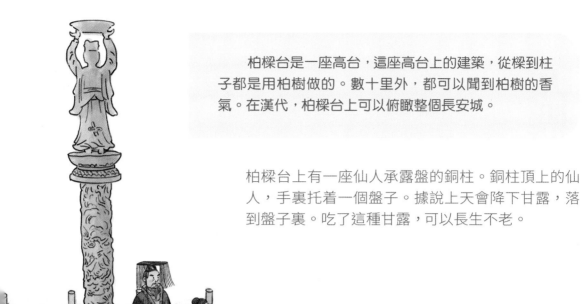

柏樑台是一座高台,這座高台上的建築,從樑到柱子都是用柏樹做的。數十里外,都可以聞到柏樹的香氣。在漢代,柏樑台上可以俯瞰整個長安城。

柏樑台上有一座仙人承露盤的銅柱。銅柱頂上的仙人,手裏托着一個盤子。據說上天會降下甘露,落到盤子裏。吃了這種甘露,可以長生不老。

柏樑台前面的湖,叫昆明池,可以操練水軍。站在台上,皇帝就可以檢閱部隊。

大明宮

西漢和唐朝都在長安建造都城。唐朝的大明宮也有三大殿：含元殿、宣政殿和紫宸（chén）殿。含元殿面闊十三間，紫禁城也不如它偉岸。大明宮角上的小院子，叫「梨園」，裏面住着幾百位藝人。唐玄宗親自作詞作曲，教他們演唱。所以後代把戲曲這一行叫「梨園」。

大明宮的主要建築含元殿，就建在高高的龍首原的最上面，從那裏一望，整個長安城盡收眼底。皇帝就像天帝俯瞰眾生一樣，看着長安城的百姓。含元殿前面有一條長達 70 多米的坡道，遠望如龍尾，故稱「龍尾道」。大臣們從龍尾道走到含元殿上來朝見皇帝，好像走到了天上一樣。

我是唐玄宗，漢朝的未央宮逛完了吧，去我那看看吧。

唉，我們好像站在原地沒動，只是時間改變了。

唐代沒有風扇和冷氣機，含涼殿能解決製冷的問題。它建在水邊，有一個巨大的輪子。輪子轉起來，把涼水運到屋頂，水從屋簷流下來，形成水簾，激起涼氣。而且輪子轉動時能向屋裏送風，所以殿裏就特別清涼。

果然，有錢就是任性！

阿房宮

秦朝「阿房（ē páng）宮」原本規劃得十分宏偉。相傳，阿房宮的主體建築是前殿，佔地約 800 畝，東西長 500 步，南北寬 50 丈，上面可以坐 10000 人，下面可以立起 5 丈高的大旗。大殿前面再修一條大路，一直通到南山腳下，南山的山峯就當作秦宮大殿的雙闕。遠遠望去，好像天上的道路一樣，十分宏偉。秦始皇原本計劃用吸鐵石修大門。只要偷偷揣着利器的刺客，或者衣服裏藏着鎧甲的人靠近，就會嗖的一聲，被吸到門上，再也動彈不得。另外大殿周圍，會有連綿不斷的建築羣，高樓之間都用凌空的長廊連接，

遠遠看去，就像在彩虹上行走一樣。旁邊的渭水、樊川兩條河，浩浩蕩蕩地流進宮牆裏邊。河上架起長橋，就像龍臥水面上。宮裏的美女千千萬萬，六國進貢的金銀財寶堆積如山。為了修這座阿房宮，秦始皇的工匠砍光了蜀地（現在的四川省）的山林，把木材都運到咸陽，還動用幾十萬人。

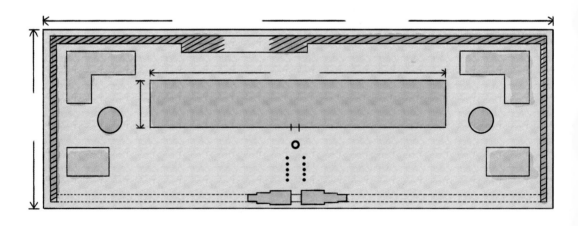

阿房宮的修建設想

然而，計劃中的工程太浩大，沒修幾年，秦始皇就駕崩，秦二世胡亥又修了好久。但是把天下的民力耗盡了，老百姓紛紛起來造反。別說阿房宮，連秦王朝都滅亡了。現在這座宮殿的土台子還在，是世界最大的宮殿遺址。

成語典故

鉤心鬥角

也寫成「勾心鬥角」，出自唐代詩人杜牧《阿房宮賦》：「各抱地勢，鉤心鬥角。」心，是宮殿的中心。角，是簷角。原指建築物或圖紙的結構精巧工緻。後來比喻各自使用心機，明爭暗鬥。

哈哈，放心吧！

知縣大人，祝您步步高升，一定要為老百姓做事啊！

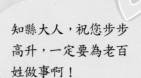

我們的古代住宅之旅，就這樣結束了。你們還是乘坐時光之鏡，回到你們的世界吧！

我一定會把這些有趣的事告訴同學們。

喂喂，我還是有貢獻的，記得不要把我罵得太狠啊！

放心吧，我會讓全縣百姓都住上高大溫暖的房子！

我在園林裏修了新景致，以後請你們來做客。

遊 戲

1 請在圖上補畫出房子欠缺的零件。

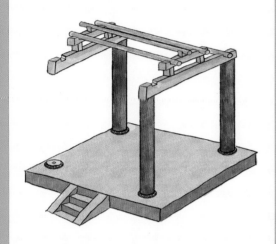

2 請在下面柱子上寫一幅楹聯,並且給這間房子起一個名字,題在匾額上。

3 請寫出紫禁城三大殿的名字。

① ② ③

_____ _____ _____

責任編輯　毛宇軒　林可淇
裝幀設計　趙穎珊
排　　版　肖　霞
責任校對　趙會明
印　　務　龍寶祺

一看就懂的中華文化常識（住宅篇）

作　　者　李天飛
出　　版　商務印書館（香港）有限公司
　　　　　香港筲箕灣耀興道 3 號東滙廣場 8 樓
　　　　　http://www.commercialpress.com.hk
發　　行　香港聯合書刊物流有限公司
　　　　　香港新界荃灣德士古道 220-248 號荃灣工業中心 16 樓
印　　刷　嘉昱有限公司
　　　　　香港九龍新蒲崗大有街 26-28 號天虹大廈 7 字樓
版　　次　2023 年 12 月第 1 版第 1 次印刷
　　　　　© 2023 商務印書館（香港）有限公司
　　　　　ISBN 978 962 07 4683 3
　　　　　Printed in Hong Kong